Lorena Braviz Rodríguez

APULEYO EDICIONES   FOMENTO DE VALORES   CUENTOS ILUSTRADOS

¡POR FIN HE HECHO PIPÍ EN EL BAÑO!

APULEYO EDICIONES   FOMENTO DE VALORES   CUENTOS ILUSTRADOS

María tiene dos años, va a la guardería
y se lo pasa genial con sus amigos.

Su amigo Juan hoy ha hecho pipí
en el lavabo de la guardería.

Al salir, María ve que Isa, su profe, felicita
a los papás de Juan por su gran logro.
Ella no entiende nada y pregunta a sus papás:

María responde:

—Ahhh...

Y se queda pensando... "si yo hago pipí, es algo muy bueno y pone alegres a la profe y a mis papás... ¡qué bien!, lo tendré que probar".

Al llegar a casa, María muestra interés en el lavabo.
Su papá recuerda cuando acudió a la última revisión
de los dos años con la pediatra:

—Ahora que ya tiene dos añitos María, sería positivo que empezarais a estimular la retirada de pañal; que os acompañe cuando vayáis al baño. Enseñadle que, cuando hacéis pipí, sale un chorro como una fuente y cuando hacéis caca, sale un churrete. Animadla a que lo pruebe —dice la pediatra.

—¿Y cómo la podemos animar? —pregunta el papá.

—Cuando se siente en el baño, decidle que si consigue que salga un poco de pipi o caca, haréis con ella una actividad que le encante, tiempo juntos con papi o mami: el mejor premio para nuestros peques.

Así que Julio, el padre de María, comenta con Rosa, su madre, lo sucedido en la guardería y la visita de la pediatra, y deciden empezar a mostrarle a María cómo funciona:

—Voy a hacer pipí, ¿quieres probar tú también?
—le dice su mamá.

Y María le contesta:

—Sí, mami.

Van al lavabo y la mamá de María hace pipí, le enseña cómo sale una fuente y se oye un ruido: pssssssss.

—¿Ese ruido es el pipi? —pregunta María.

De repente se oye: chofff.

—Ehhhh, sí, María, es el pipi,
y ese último ruido es la caca.

—Guaaauuuuu —responde María con interés.

¡CHOF!
¡PSSS!

—Cuando acabo, me limpio bien primero delante y después el culete, con papel; lo tiro y después aprieto este botón para que caiga agua y lo limpie todo. Mira.

Y se escucha: Plinc, schhhhhhhhh.

María ve cómo el papel y la caca con el pipí se van en una especie de torbellino de agua y... ¡desaparece por arte de magia!

—Y por último hay que lavarse las manos.

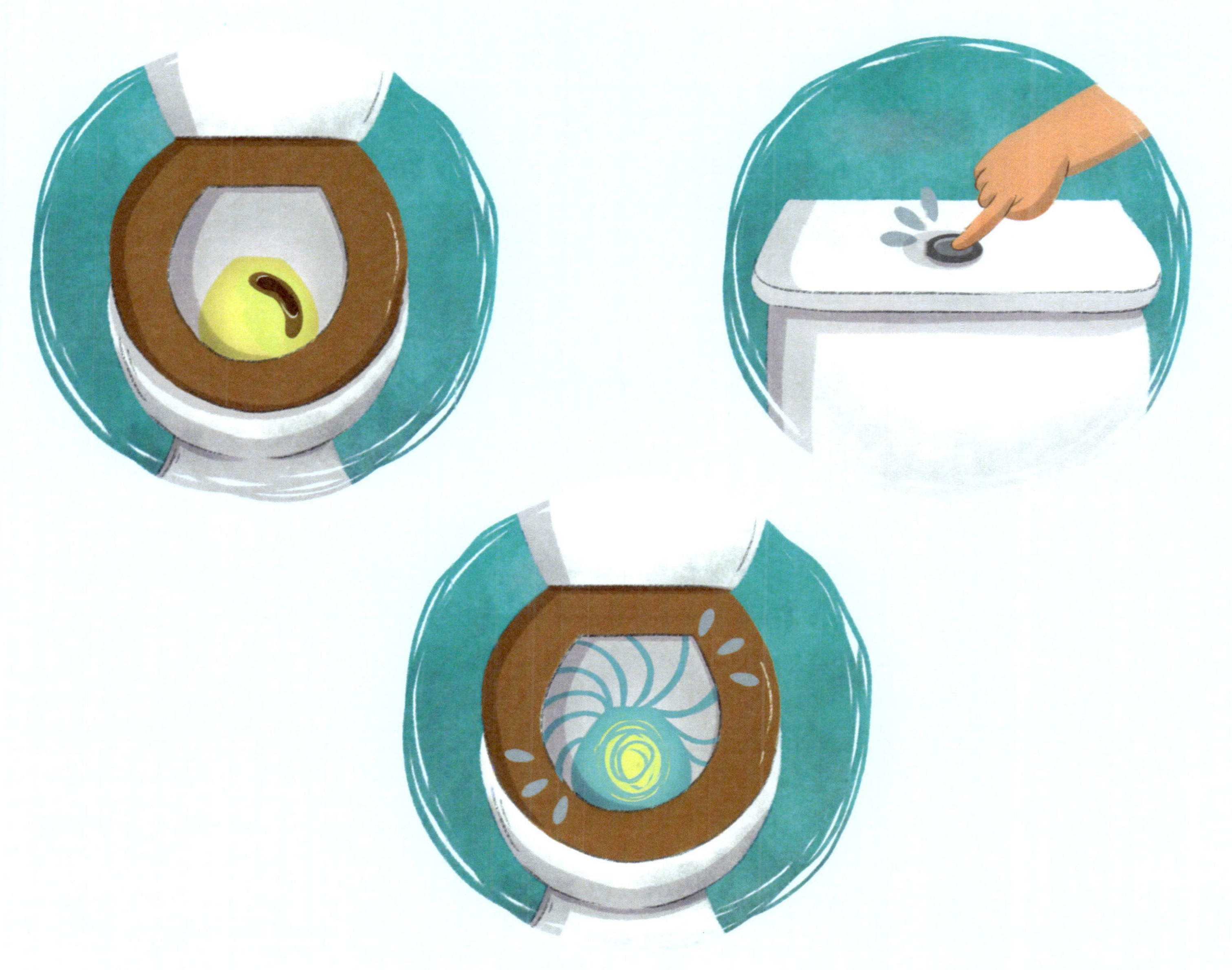

María pregunta: —¿Puedo probar?

—Claro que sí —responde su mamá—.

A veces cuesta un poco que salga, pero no pasa nada.

María prueba, se sienta y espera, pero no sale nada.

—Lo has hecho genial, María. Ve probando cada día,

ya verás como pronto te saldrá como a Juan

—la anima su madre.

Al día siguiente, su padre hace lo mismo, le
muestra cómo se hace pipí, se tira de la cadena...
María prueba sin conseguirlo.

Al cabo de una semana, de repente, María está
intentando hacer pipí y ¡sale un chorrito!
—Mamá, papá, ¡me ha salido!

Sus padres se acercan al baño
y le hacen una gran fiesta.

La felicitan con alegría, le recuerdan que ahora debe tirar de la cadena y lavarse las manos.

Y le dicen:

—Como lo has hecho tan bien, ahora mamá y papá se sentarán contigo y los tres pintaremos con las pinturas que te encantan.

—¡Yuppiiiiii! —Exclama María, toda emocionada.

María se hace mayor, hoy es un gran día.

Y tú, ¿quieres empezar a probar?

© Lorena Braviz Rodríguez (de la obra)
©Apuleyo Ediciones (de esta edición)
Primera edición en Apuleyo Ediciones: junio 2024
Diseño de cubierta: Sofía Corzo González
Corrección: Aitor Andreu Guerrero
Maquetación: Domingo Carrasco Martín
Ilustraciones: Larissa Reis
Coordinación editorial: Isidoro Cidre González
info@apuleyoediciones.com
www.apuleyoediciones.com
ISBN: 978-84-1060-150-5
Depósito legal: H 111-2024

No está permitida la reproducción total o parcial de este libro, ni su tratamiento informático, ni la transmisión de ninguna forma o por cualquier medio, ya sea electrónico, mecánico, por fotocopia, por registro u otros métodos, sin permiso previo y por escrito de los titulares del copyright.

Hecho e impreso en España.

¡POR FIN HE HECHO PIPÍ EN EL BAÑO!

APULEYO EDICIONES   FOMENTO DE VALORES   CUENTOS ILUSTRADOS

Lorena Braviz Rodríguez

APULEYO EDICIONES   FOMENTO DE VALORES   CUENTOS ILUSTRADOS